Martina Dannheimer

1 Tag in Madrid –
Martinas Kurztrip in die Hauptstadt Spaniens

Bibliografische Information der Deutschen Nationalbibliothek:

Die Deutsche Nationalbibliothek verzeichnet diese Publikation in der Deutschen Nationalbibliografie; detaillierte bibliografische Daten sind im Internet über http://dnb.d-nb.de abrufbar.

Impressum:

Lektorat: Caroline Schnitzer, Peter Schmid-Meil

Copyright © 2013 GRIN & Travel

Ein Imprint der GRIN Verlag GmbH

travel.grin.com

Die Lust an Städtereisen

„Nicht nur lange Reisen machen Spaß", das ist das Motto, nach dem ich lebe und mit dem ich meine Reiselust stille. Mit meinen Berichten „1 Tag in …" möchte ich zu Kurztrips inspirieren, aufzeigen, was man alles an einem Tag erleben kann, oder einfach nur unterhalten. Hier gibt es jede Menge Tipps und Karten zum Nachmachen für alle, die wenig Zeit zum Reisen haben oder deren Geldbeutel – wie meiner – nicht endlos gefüllt ist.

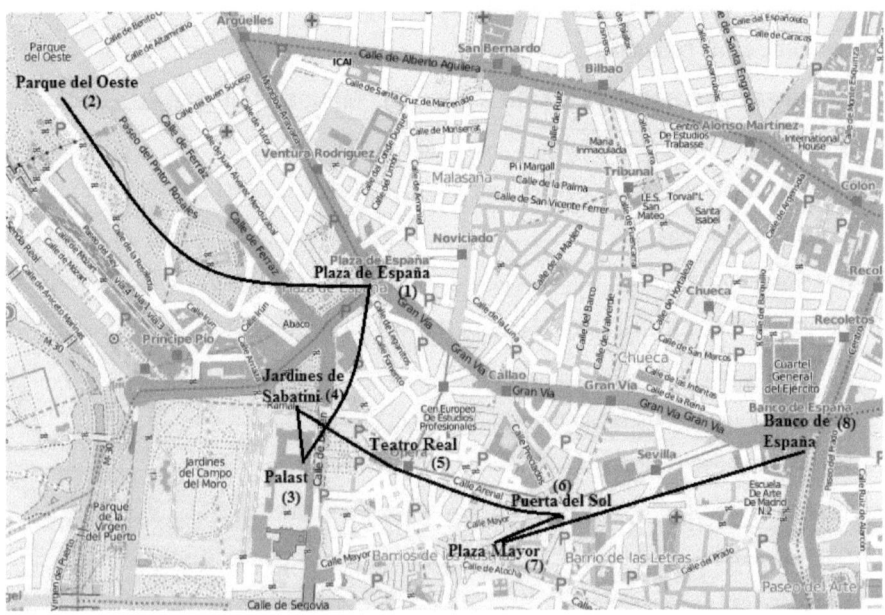

Madrid-Route Teil 1. Quelle: OpenStreetMap und Mitwirkende, CC BY-SA

Eine „nette" Flug-Bekanntschaft

Alles begann mit dem Artikel aus der FAZ: „Der unheimliche Erfolg der Energiewende". An diesen Titel werde ich mich wohl in 50 Jahren noch erinnern: Mein Sitznachbar im Airbus nach Palma de Mallorca, nennen wir ihn einfach mal Karl-Heinz, rammte mir sachte seinen Ellenbogen in die Seite. Er wollte mit mir über den Inhalt des besagten Berichtes diskutieren. Dabei störte ihn wenig, dass ich eigentlich mit den Frühjahrstrends 2013 in einem völlig anderen Magazin beschäftigt war. Ihm zu sagen: „Ich verspüre keine Lust auf Konversation", erschien mir aber unhöflich.

Ich hätte es trotzdem kundtun sollen, denn danach durfte ich knappe zwei Stunden dem Wortschwall von Karl-Heinz lauschen. Selbiger reichte von der Energiewende zurück zur politischen Wende und einer ganzen Reihe von Geschichten aus der ehemaligen DDR. Da ich eine aufkommende Nackensteife spürte, konzentrierte ich mich irgendwann doch wieder auf meine Zeitschrift – dieses steil nach Linksschauen schadete nicht nur meinen Ohren.

Mit Air Berlin auf dem Weg nach Madrid

Karl-Heinz hielt tatsächlich für eine Weile seine Klappe. Bis ich bei einem Artikel mit der Überschrift „Mein Hund wäre der perfekte Mann" ankam. „Die Menschheit verblödet", kommentierte mein neuer Freund, und schon steckten wir im nächsten Monolog. Ich war unglaublich dankbar, als der nette Flugbegleiter zum Hochklappen der Tische und Rückenlehnen aufforderte. Juhu, wir landeten gleich, die Wege von Karl-Heinz und mir trennten sich. Für mich ging die Reise allerdings weiter. Da Air Berlin nicht direkt von Hamburg nach Madrid flog, wartete ich in Palma auf meinen Anschlussflug. Und wenige Stunden später stieg ich pünktlich in der spanischen Hauptstadt aus dem Flugzeug und spürte es sofort: Hier hatte es mindestens zehn Grad mehr als in meinem grauen Hamburg, wo es im Februar empfindlich kalt war.

An der U-Bahn stand ich vor einem der zig Ticketautomaten und konnte mich nicht zwischen Einzelschein, Zehnerticket oder Tageskarte entscheiden. Irgendwann war es mir zu blöd und ich wählte eine einfache Fahrt zur Plaza de España (1) – für fünf Euro. Das ist teurer als sonst in Madrid üblich, denn bei einer Metrofahrt von und zum Flughafen ist ein Zuschlag fällig. Ansonsten kostet ein Ticket um die 1,80 bis 2 Euro, je nach Entfernung.

Wer die Wahl hat, hat die Qual.

Warming-Up mit Madrid

Plaza de España

Als ich schließlich an einem der bedeutendsten Plätze Madrids aus dem Untergrund kletterte, stachen mir gleich zwei Wolkenkratzer ins Auge, der Edificio España und der Torre de Madrid. Begeistert starrte ich nach oben. Somit drohte mir zum zweiten Mal an diesem Tag ein steifer Nacken, und ich widmete mich lieber wieder den schönen Dingen auf Augenhöhe. Und davon existierten auf dem Platz einige: Zuerst schob ich mich durch eine Ansammlung von Buden, an denen es allerlei Krimskrams und Essbares zu kaufen gab. Ein wirklich nettes Plätzchen war das – grün, fast ein bisschen idyllisch, auch wenn daneben das Verkehrschaos der Rush Hour tobte. DAS Highlight war jedoch ein Denkmal zu Ehren des Dichters Miguel de Cervantes. Selbiger sitzt auf einem Sockel, unter ihm Don Quijote auf einem Pferd sowie Sancho Panza auf einem Esel.

Denkmal zu Ehren des Dichters Miguel de Cervantes

Parque del Oeste

Auf meinem Stadtplan weckte ein weiterer grüner Fleck meine Neugierde – nicht weit weg von der Plaza de España. Es war also klar, dass ich mich dorthin bewegte. Ein paar Stufen führten zu einer parkähnlichen Anlage empor. „Wow", platzte es aus mir heraus. Vom Parque del Oeste (2) aus kam ich in den Genuss eines fantastischen Ausblicks auf einen Teil von Madrid.

Im Parque del Oeste – eine grüne Oase

Ambitioniert versuchte ich, ein Foto von mir samt dieser gigantischen Hintergrundkulisse zu schießen. Nach zehnminütigem Dauergrinsen und Anzeichen einer

Kiefersperre gab ich jedoch auf. Mir gefiel meine Ausbeute zwar nicht, aber mit weiteren Versuchen würde es bestimmt nicht besser werden. Da erfreute ich mich lieber an dem, was ich sonst noch sah im Park. Nämlich den Tempel von Debod, ein Geschenk von Ägypten an die Madrilenen aus dem Jahre 1968. Spanien hatte bei der Rettung des Abu Simbel Tempels vor dem Nilhochwasser geholfen. Allerdings stand eine Schlange von Menschen vor dem hübschen Bauwerk und ich hatte schließlich nicht ewig Zeit. Die Innenbesichtigung musste deshalb ausfallen.

Der Tempel von Debod – hier lässt es sich entspannen!

Königliches Flair

Königlicher Palast und Schlossgarten

Langsam meldete sich mein Magen. Erhören konnte ich ihn jetzt allerdings nicht. Denn unweit der Plaza de España befindet sich der königliche Palast (3). Hoffnung, die spanischen Royals anzutreffen, machte ich mir allerdings nicht. Der Palacio Real gilt zwar als deren offizieller Wohnsitz, doch leider wohnen Sofia, Juan Carlos & Co. nicht dort. Meiner Faszination tat dies aber keinen Abbruch. Dass ein Palast majestätisch wirkt, dürfte nicht sonderlich überraschend sein und für diesen gilt das ganz besonders. Er strahlt eine solche Anmut und Imposanz aus, dass ich mich ge-fühlte 30 Minuten nicht vom Fleck bewegen konnte und ihn bewundern musste.

Vor lauter Staunen konnte ich mich minutenlang nicht vom Fleck rühren – der Palacio Real.

Nachdem ich genug Ehrfurcht gezeigt hatte, drehte ich mich um. Hinter mir lag die zauberhafte Plaza de Oriente. Eine Vielzahl an Skulpturen säumte die Wege und ich genoss die Atmosphäre. Zu den vielen Touristen – Spitzenreiter waren dabei zweifelsfrei die Japaner – gesellten sich ein paar Musiker und Pantomimendarsteller. Ein Herr imponierte mir besonders: Er erzeugte mit einer Ansammlung an Gläsern einfach grandiose Klänge. Gerade als ich meinen Weg in Richtung Puerta del Sol fortsetzen wollte, inspirierte mich mein Stadtplan zu einer weiteren Kehrtwende. Vor lauter Königspalast hatte ich den dazugehörigen Garten ganz übersehen. Also, auf zu den Jardines de Sabatini (4).

Glasmusik auf der Plaza de Oriente

Die Jardines de Sabatini

Die Entscheidung war ein Volltreffer, hier war es klasse. Viel Grün, ein prächtiger Mix aus Bäumen und Sträuchern, alles penibel zurechtgestutzt. Mir war es vielleicht ein bisschen zu „glatt", meine Leidenschaft gilt eher der wilden und unberührten Natur. Trotzdem genoss ich meinen Streifzug durch die Jardines de Sabatini. Ich traf ein weiteres Mal auf viele schöne Skulpturen, auf Touristen hingegen kaum – vielleicht hatte ich mir die richtige Tageszeit ausgesucht.

In den Jardines de Sabatini ist alles penibel zurechtgestutzt.

Plötzlich sah ich einen Hund, den ich gerade vor dem Schloss schon einmal getroffen hatte. Er sah unglaublich lustig aus. Eifrig versuchte ich, ihn in attraktiver Pose vor die Linse zu bekommen – klappte aber nicht. Na egal, trat ich eben ohne Hund im Kasten den Rückweg an. Dieser führte Richtung Innenstadt, vorbei am Teatro Real (5), dem Opernhaus von Madrid, das übrigens von allen Seiten ein Augenschmaus ist.

Das Teatro Real ist von allen Seiten ein optischer Genuss.

Schlümpfe, uniformierte Männer und jede Menge Touristen

Ich erreichte die Puerta del Sol (6) und die verdiente meine ganze Aufmerksamkeit. Zudem musste ich mich konzentrieren, um nicht mit Micky Maus oder den Schlümpfen zusammenzustoßen, denn diese gab es hier in Hülle und Fülle. Deren Job: Touristen zum gemeinsamen Foto animieren und dafür natürlich auf ein fettes monetäres Dankeschön hoffen.

Papa Schlumpf und Schlumpfine auf der Puerta del Sol

Schnucklige Männer in Uniform

Doch die Schlümpfe waren auf dem zentralen Platz, dem Mittelpunkt Madrids, nicht die einzige Attraktion. Eine Menschentraube hatte sich um irgendeinen Redner versammelt. Ich verstand kein Wort, es schien aber um etwas Politisches zu gehen.

Die Polizeipräsenz war groß – sehr zu meiner Freude. Während sich die Uniformierten mehr oder weniger auf das Geschehen konzentrierten, glotzte ich die hübschen Kerle an. Vor allem einer, also der wäre mein Fall gewesen ... Aber ich zwang mich zum Weitergehen.

Helado-Zeit auf der Puerta del Sol

Eine Eisdiele stoppte meinen Weg schließlich, es war höchste Helado-Zeit („Eis-Zeit"). Frostige Gaumenfreuden schmeckten auch im Februar vorzüglich. Mit den obligatorischen zwei Kugeln in der Waffel ließ ich das bunte Treiben auf der Puerta del Sol nochmals auf mich wirken. Wie gerne wäre ich hier an Silvester, wenn die Glocke der Casa de Correos das neue Jahr einläutet. Zu den letzten 12 Glockenschlägen vor Mitternacht werden 12 Weintrauben verspeist – ein Glücksritual. Die Puerta del Sol gilt übrigens als der Nullpunkt, der Nullkilometer-Platz, von sechs spanischen Hauptnationalstraßen. Es gab einiges zu sehen und endlich erspähte ich auch das Wahrzeichen von Madrid – den Bären, der an einem Erdbeerbaum nascht. Bär samt Baum schmücken das Wappen von Madrid.

Der Bär - das Wahrzeichen von Madrid

Ein erstes Resümee

Eigentlich war der Hauptgrund für meinen Besuch in der spanischen Hauptstadt die Weiterfahrt nach Toledo. Kennenlernen wollte ich Madrid natürlich trotzdem. Da Barcelona meine absolute Lieblingsstadt in Spanien ist, war es für Madrid nicht leicht, den Vergleich zu bestehen. Was konnte ich nach dem ersten halben Tag sagen: Die Madrilenen sind nett, überschlagen sich aber nicht vor Freundlichkeit. Ausnahmen bestätigen dabei sicher meine subjektive Regel. Die City ist lebhaft, fast möchte ich sagen anstrengend. Viele Touristen, viel Verkehr, viel zu sehen. Eigentlich so, wie es sich für eine Mega-Metropole gehört.

Als Motto könnte man „Zwischen Tradition und Moderne" nennen. Was ich sehr mochte, waren die niedlichen Gassen in der Innenstadt, die zwischen den lauten Hauptverkehrsstraßen liegen. Außerdem gibt es viele putzige Geschäfte mit Klamotten, Süßwaren und Souvenirs. Der Gegenpart: große Kaufhäuser und Filialen der üblichen internationalen Modemarken fehlen selbstverständlich auch nicht.

Ein typischer Souvenirladen

Plaza Mayor

Nun aber genug resümiert. Mit Eisbauch und Klebefingern schlenderte ich weiter zum nächsten Platz, der Plaza Mayor (7). Dieser berühmte Platz ist wie eine Art Innenhof, überall standen Tische und Stühle. Wie viele Cafés es hier genau gibt, konnte ich wirklich nicht einordnen. Es war unglaublich viel los, die Atmosphäre war überwältigend. Ich sah Massen von Touristen und fast genauso viele Gaukler.

Außerdem traf ich auf alte Bekannte: Neben diversen Micky Mäusen war der gestiefelte Kater unterwegs. Typisch „tourimäßig" schoss ich ein Foto nach dem anderen. Ich fragte mich kurz, ob das vielleicht ein Reflex war. Allerdings hatte ich nicht einmal Zeit, mir eine Antwort zu überlegen, sondern knipste munter weiter.

Stühle und Tische, soweit das Auge reicht – die Plaza Mayor

Das Flair war eine Art Gesamtkunstwerk und in der Mitte der größten Freifläche des Platzes prangt ein Reiterstandbild: Das Denkmal wurde König Philipp III. gewidmet. Er war es, der die Fertigstellung des Platzes in Auftrag gab. Ursprünglich befand sich an dieser Stelle die Plaza del Arrabal, die König Philipp II. im Jahre 1580 umbauen und neugestalten ließ. Andächtig, ein bisschen zumindest, schaute ich zu Philipp empor und wurde von seiner Majestät bzw. der Februarsonne geblendet.

Das Reiterstandbild König Philipp III

Sehenswürdigkeiten in der Nähe der Bank von Spanien

Vergnügt machte ich mich wieder auf die Socken. Doch wohin eigentlich? Wie immer bei meinen Städtetrips hatte ich keinen konkreten Plan, ich ließ mich einfach treiben. Als ich meinen Stadtplan um etwas Assistenz bat, lotste der mich in Richtung Banco de España (8), der Bank von Spanien. In dieser Umgebung wartete eine ganze Ansammlung an Sehenswürdigkeiten auf mich.

Banco de España

Unglaublich imposant – Banco de España

Das Bankgebäude an sich war bereits ein Knaller. Wahrlich majestätisch steht es an der Plaza de Cibeles. Überraschenderweise gelangte ich ohne Probleme über den dicht befahrenen Paseo del Prado, was in Spanien nicht selbstverständlich ist. Grün ist hier kein Garant, sich gefahrlos über eine Straße zu bewegen – eher ein unverbindliches Angebot. Obwohl es in Madrid noch einigermaßen gesittet zugeht, was das Verkehrsverhalten der Einheimischen anbelangt. Wenn ich da an die italienischen Autofahrer denke ...

Kolumbus und andere Skulpturen

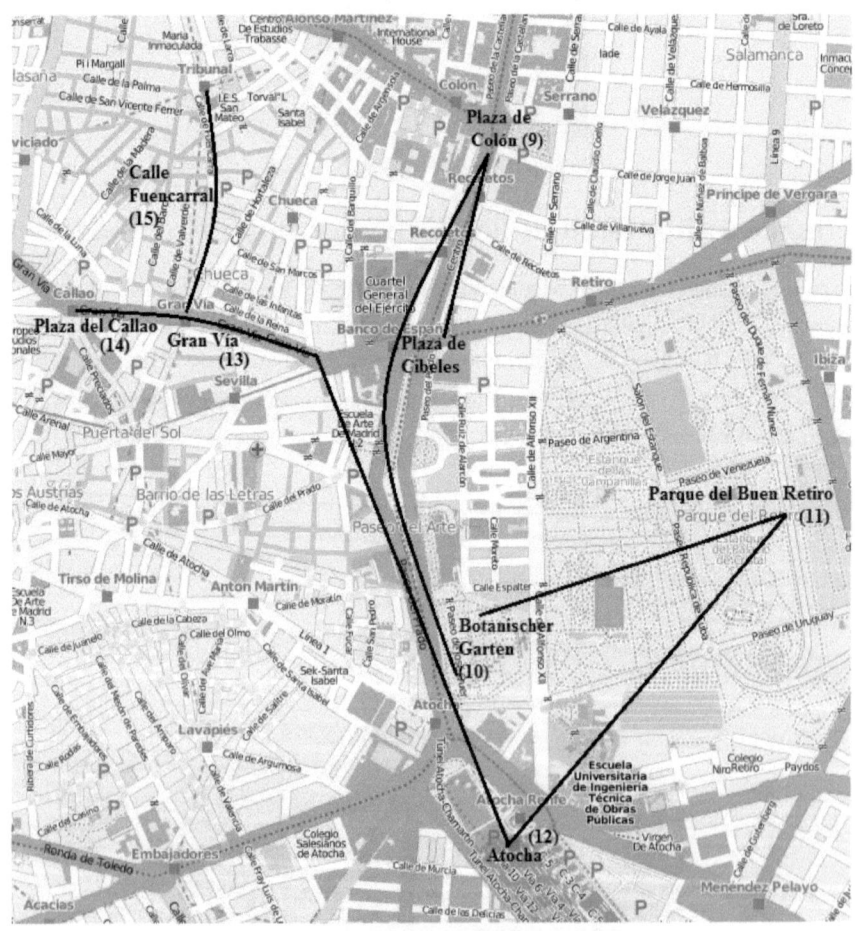

Madrid-Route Teil 2. Quelle: OpenStreetMap und Mitwirkende, CC BY-SA

Auf einem Grünstreifen neben dem Paseo de Recoletos wanderte ich zu Herrn Kolumbus. Zu Ehren des Amerika-Entdeckers steht auf der Plaza de Colón (9) ein Monument mit seiner Statue obenauf.

Die Statue zu Ehren des Amerika-Entdeckers

Nach kurzem Aufenthalt ging's allerdings schon wieder zurück. Die Objekte meiner nächsten Begierde befanden sich alle in der anderen Richtung. Auf Höhe der Bank von Spanien ging der Paseo de Recoletos in den Paseo del Prado über. Ich traf auf zahlreiche Brunnen und Skulpturen, umringt von Palmen und Sträuchern. Kunst und Natur wurden hier ganz bewusst vereint. Am botanischen Garten (10) bog ich nach links und stoppte kurz. Wer den Königlichen Botanischen Garten Madrid („El Real Jardín Botánico") besuchen möchte, ist mit 3 Euro dabei bzw. drin. Ich versuchte, von außen ein paar Blicke in das Pflanzenparadies zu erhaschen, entschied dann aber weiterzugehen. Und zwar zur nächsten Naturoase, die zudem nichts kostete. Ha! Es war der Parque del Buen Retiro (11).

Auf dem Paseo de la Recoletos

Parque del Buen Retiro

Der Weg führte bergauf. Nicht sonderlich steil, aber meine kalten Zehen tauten dennoch auf. Erst einmal wusste ich gar nicht, wohin ich gehen sollte, da mich mehrere Wege empfingen. Ich wählte schlussendlich den größten und breitesten. Ein bisschen fühlte ich mich an die Villa Borghese in Rom erinnert, es war einfach wunderschön hier – ruhig und entspannt obendrein. Immer wieder machte ich einen Abstecher, die vielen kleinen Seitenpfade verdienten schließlich ebenfalls Beachtung. Plötzlich tauchte ein kleiner See vor mir auf und ein Ruderer schob sich übers Wasser, sehr idyllisch. Gegenüber erblickte ich ein zauberhaftes Bauwerk, es war das Monumento a Alfonso XIII. Eine ganze Weile blieb ich stehen und saugte die Atmosphäre auf, die Location gefiel mir.

Ich wählte einen besonders breiten Weg im Parque del Buen Retiro

Mein Gesicht war ganz heiß, fast befürchtete ich einen Sonnenbrand zu bekommen, und das im Februar. Um das zu verhindern, verbrachte ich die nächste Stunde Indoor. Allerdings muss ich zugeben, dass dies nicht der einzige Grund war, weshalb ich den Hauptbahnhof Atocha (12) aufsuchte …

Was man in Madrid auf keinen Fall versäumen darf

Der Bahnhof Atocha

Unfassbar, aber wahr: Ich war begeistert von einem Bahnhof. Hier erinnerte aber auch wenig an zugige, muffelnde Hallen. Vielmehr fühlte ich mich wie im Urwald –

ohne Witz. In Madrid wartet der Hauptbahnhof mit einem wahren Pflanzenparadies auf. Sogar Schildkröten wohnen dort. Hätte ich es nicht besser gewusst, ich hätte geglaubt, im Zoo zu sein. Begeistert postete ich meine Entdeckung sofort auf Facebook.

Fast wie im Botanischen Garten – im Bahnhof Atocha

Höchst zufrieden mit dem Sightseeing-Programm ging ich wieder ins Freie. Ich hätte nur den gleichen Weg über den Paseo del Prado zurücknehmen können, alle anderen Routen erschienen mir wenig einladend. Also beschloss ich, mit der Metro zu fahren. Zwischendurch war eine kleine Fahrt durchaus erlaubt. Apropos erlauben – zum Abschluss gönnte ich mir nun die Gran Vía (13) mit all ihren Geschäften, jawohl!

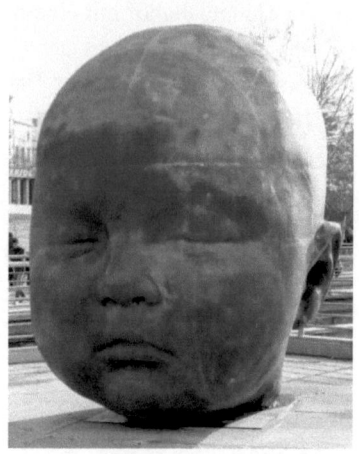

Eine der „Baby Head"-Skulpturen des spanischen Malers und
Bildhauers Antonio López García vor dem Bahnhof Atocha

Shopping auf der Gran Vía

Auf der Gran Vía kann man wunderbar shoppen, außerdem gibt es prunkvolle Bau-
werke zu bewundern, wie z. B. das Metropolis-Haus samt Engels-Figur auf der
Kuppel.

Das Metropolis-Haus: Einst der Firmensitz einer spanischen Versicherung.

Das berühmte Theater an der Plaza del Callao (14), Kinos und natürlich unzählige
Restaurants runden das Sinneserlebnis auf der 1.300 Meter langen Straße ab. Ich

hatte sogar das Vergnügen, am Tag der Premiere des Hollywood-Streifens „Spring Breakers" vor Ort zu sein. Die XXL-Ansammlung an Fans zu beobachten – überwiegend grölende, fast kollabierende Teenager – war bestimmt besser als der Film selbst.

Warten auf die Premiere des Hollywood-Streifens „Spring Breakers"

Wem das Ambiente trotzdem nicht gefällt, der shoppt sich einfach durch die benachbarten Straßen und Gassen – die Gran Vía ist leider recht dicht befahren. Empfehlenswert ist zum Beispiel die Calle Fuencarral (15), direkt an der Metrostation Gran Vía. Die Stores sind lässig, trendig, szenig, und irgendwie ganz anders als auf der Gran Vía. Ewig weilte ich in einem Schuhgeschäft – wo auch sonst? Dass ich die fuchsia-farbigen Ankle-Boots nicht mitgenommen habe, lag ausschließlich am mangelnden Platz im Handgepäck. Einkaufen kann man in Madrid jedenfalls hervorragend, so viel sei gesagt.

Ich musste auf die Toilette und besuchte deshalb das mir aus Barcelona bekannte Kaufhaus El Corte Inglés. Selbstverständlich blieb es nicht beim Besuch des stillen Örtchens. Und selbstverständlich blieb es nicht beim Bummeln im El Corte Inglés. Die zwei Hosen, das knallig gelbe Tanktop und der Blumenschal mussten einfach mit – Handgepäck hin oder her. Im Notfall hätte ich beim Einchecken alles übereinander angezogen.

Mein Fazit

Als großer Barcelona-Fan war ich sehr gespannt auf Madrid, fast ein wenig skeptisch. Enttäuscht wurde ich bei meinem Besuch der spanischen Hauptstadt aber nicht. Madrid ist modern, lebhaft, pulsierend, fast möchte ich sagen, ein wenig anstrengend. Doch mich begeisterte diese Mischung, die vielen Menschen verschiedenster Nationen und Kulturen, die Gegensätze zwischen Tradition und Moderne. Ein bisschen fehlte mir das mediterrane Flair, doch dafür punktet Madrid mit dem Charisma einer Weltstadt und einer außergewöhnlichen Dynamik.

Meine Bewertung:

Sightseeing:

Verkehrsmittel:

Essen & Trinken:

Shopping:

Links zu Madrid

Plaza de España:
http://de.wikipedia.org/wiki/Plaza_de_Espa%C3%B1a_%28Madrid%29

Edificio España: http://www.edificioespana.es/en

Parque del Oeste: http://www.spain.info/de/que-quieres/arte/jardines-historicos/madrid/parque_del_oeste.html

Tempel von Debod: http://www.metropole-madrid.de/tempel-von-debod.html

Palacio Real:
http://www.spain.info/de_DE/reportajes/un_paseo_por_el_palacio_real_de_madrid.html

Jardines de Sabatini: http://www.madrid.citysam.de/jardines-de-sabatini-und-campo-del-moro.htm

Teatro Real: http://www.teatro-real.com/en

Puerta del Sol: http://www.gomadrid.com/sights/puerta-del-sol.html

Banco de España: http://www.bde.es/bde/en/

Parque del Buen Retiro: http://www.madrid.citysam.de/retiro-park.htm

Hauptbahnhof Atocha: http://www.metropole-madrid.de/bahnhof-atocha.html

Metropolis-Haus: http://de.wikipedia.org/wiki/Metropolis-Haus

Bildnachweis

Alle Bilder innerhalb dieses Buches stammen von:

•Martina Dannheimer

•OpenStreetMap und Mitwirkende, CC BY-SA

•jara3000: http://www.shutterstock.com/pic-132687290/stock-vector-high-heel-shoes-silhouette.html?src=csl_recent_image-1